ALEXANDRA ALBINI JEWELS

PHOTOS BY GIAN PAOLO BARBIERI

testo di / text by
AMANDA TRIOSSI

SilvanaEditoriale

AMANDA TRIOSSI
Storica del gioiello, autrice e curatrice

INTRODUZIONE

ORO GIALLO DI UNA TONALITÀ CALDA, REMINISCENZA DELL'ORO ANTICO PROVENIENTE DA SCAVI ARCHEOLOGICI, LAVORATO IN MORBIDE FORME TUTTAVIA DECISE, PRIVE DI SPIGOLOSITÀ E DUREZZE, DOVE TUTTO È SMUSSATO E NATURALE. Forme femminili che avvolgono grandi perle barocche oppure pietre preziose che non sono mai sfaccettate secondo i canoni classici, ma spesso sagomate in modo semigrezzo o lasciate nel loro originale stato di cristallo. Gemme scelte per la bellezza del colore e delle inclusioni, considerate, queste, un valore aggiunto all'autenticità della pietra: dopo tutto le inclusioni non sono l'impronta digitale della Natura e, in quanto tale, non meritano di essere considerate un valore invece che condannate come imperfezioni?

Questi sono i principali ingredienti della collezione di gioielli di Alexandra Albini così come rivelata attraverso lo sguardo empatico del celebre fotografo Gian Paolo Barbieri nelle pagine di questo libro.

Gli originali gioielli in oro dal design incisivo e dalle forme organiche sono presentati da Barbieri su sfondi di sabbia vulcanica nera, di legno carbonizzato o di acqua che sottolineano l'immediato e intimo collegamento fra i gioielli e gli elementi primari della Natura: terra, acqua e fuoco.

Alexandra Albini è una designer di gioielli autodidatta come altri celebri artisti gioiellieri del XX secolo quali Andrew Grima in Inghilterra e Arthur King negli Stati Uniti, con i quali condivide l'amore per finiture materiche e forme organiche. La sua passione per i gioielli ha radici profonde ed è fortemente influenzata dalle diverse esperienze culturali della sua vita.

Appartenente a un'antica famiglia norvegese, ha vissuto la sua infanzia e adolescenza fra Norvegia, Inghilterra, Giappone, Germania e Francia. Appassionata di danza classica, si è dedicata con impegno al rigoroso studio di

AMANDA TRIOSSI
Jewellery historian, author and curator

INTRODUCTION

WARM COLOURED YELLOW GOLD REMINISCENT OF THAT FOUND IN ARCHAEOLOGICAL DIGS IS WORKED INTO SOFT YET BOLD ORGANIC SHAPES; THERE ARE IN FACT NO SHARP OR HARD EDGES BUT ALL IS ROUNDED AND CURVED. These feminine shapes often embrace large baroque pearls or precious gems that are not cut according to conventional standards but are roughly shaped or left in their natural crystal habit. The gems are chosen for the beauty of their colours and for their inclusions, valued because they add a natural authenticity to the stone: after all aren't inclusions nature's fingerprint worthy of being celebrated rather than condemned as flaws?

These are the principal ingredients of Alexandra Albini's jewellery collection as it is revealed in the pages of this book through the empathic eye of celebrated photographer Gian Paolo Barbieri. The bold, gold organic jewels are captured by Barbieri on backgrounds of black volcanic sands, water and charred wood, underlining their intimate and unmediated connection with nature and its primary elements: stone, water and fire.

Alexandra Albini is a self-taught jewellery designer together with a number of acclaimed 20th century artist-jewellers such as Andrew Grima in Britain and Arthur King in the USA with whom she shares the love for textured organic shapes. Her love for jewels is deep rooted and profoundly influenced by her rich and diverse cultural experiences.

Born into an old Norwegian family, she spent her childhood and youth between Norway, England, Japan, Germany and France. A passion for classical ballet led her to study dance and commit to the rigorous training of a young dancer at Norwegian Opera School in Oslo, The Royal Academy in London and the Stuttgart Ballet Company. During this period she withstood grue-

formazione di ballerina presso la Norwegian Opera School di Oslo, The Royal Academy di Londra e lo Stuttgart Ballet Company. Durante questo periodo, scandito da estenuanti audizioni in un ambiente estremamente competitivo, ha ottenuto borse di studio e riconoscimenti, ma la sua nascente carriera di ballerina solista viene bruscamente interrotta da un infortunio. L'eredità di questa esperienza, a parte un amore intramontabile per la danza, il teatro e la musica, è la profonda consapevolezza che solo con il duro lavoro, la passione e la dedizione è possibile raggiungere l'eccellenza.

Più tardi nella vita, dopo aver completato gli studi in Norvegia, passato un anno in Italia con la famiglia, migliorato il suo francese a Parigi, si stabilisce a Londra e si diploma in Interior Design and Decoration, esperienza che risulterà essere, più tardi, molto utile per il suo futuro. Dopo alcuni anni in Portogallo, dove lavora come interior designer, Alexandra sceglie una vita nel mar caraibico a bordo di un veliero, simile a quelli rappresentati nei quadri dei pittori olandesi del XVII secolo. La vita a stretto contatto con il mare risveglia l'amore per le immersioni: un modo per penetrare ed esplorare gli straordinari colori, le forme e le creature di questo universo sommerso la cui bellezza si è rivelata di grande ispirazione nelle sue creazioni.

Altro importante capitolo è la vita fra la costa messicana del Pacifico e l'isola di Bali, dove inizia un'attività di designer. In questo modo riesce a organizzare la propria vita in due dei suoi luoghi preferiti: Puerto Vallarta, noto per il suo coloratissimo folklore messicano, e la bellezza naturale di Bali con la sua affascinante cultura.

È proprio nell'isola indonesiana che Alexandra inizia a concentrarsi sulla propria produzione di accessori per la decorazione d'interni e a scoprire l'artigianato locale di manufatti in legno o pietra scolpiti a mano e delle fusioni di metallo. L'approccio sperimentale, la capacità di trovare soluzioni intuitive e il naturale senso estetico di un artigianato ancora basato su un modello pre-industriale hanno affascinato e continuano ad affascinare la designer. Ancora una volta il "viaggio", per usare le sue parole, è fondamentale per il suo attuale approccio ai gioielli, che sono rigorosamente fatti a mano lungo ogni fase della produzione e sono tutti pezzi unici.

Dopo alcuni anni, il mestiere di designer di interni e un progetto prestigioso conducono Alexandra in Italia. Lei considera l'Italia e il contatto con l'arte e la cultura di questo paese come la propria scuola di perfezionamento, l'ultimo raffinato tocco di un'odissea di viaggi e di esperienze che l'hanno portata a vivere in tre continenti e ad assorbirne la ricca diversità culturale. Dopo aver incontrato l'amore della sua vita, decide di stabilirsi a Milano, dove finalmente si dedica alla creazione di gioielli: una passione latente da sempre. Sin da ragazza è incantata dai gioielli etnici indossati all'epoca con sicura e raffinata eleganza da donne come Marisa Berenson e Diandra Douglas, da lei ammirate. Inutile aggiungere che inizia a collezionare importanti gioielli etnici dovunque viaggiasse e ad ampliare la sua conoscenza acquistando tutte le possibili pubblicazioni sull'argomento. È sempre alla ricerca di pezzi autentici, realizzati a mano, spesso in argento, proveniente da fusione di monete. Non vi è dubbio che l'amore per i gioielli dal design incisivo e dalle forme audaci trapeli nelle creazioni preziose di Alexandra Albini.

ling auditions, was offered scholarships and reached recognition in a very competitive environment, but injury regrettably halted her budding international career as a soloist dancer. The legacy of this experience, besides a natural continuing love for the performing arts, is a profound understanding that high standards may be achieved only by means of hard work, dedication and passion.

Later in life, after completing her schooling in Norway, spending a year in Italy with her family and improving her French in Paris, she completed a diploma course in Interior Design and Decoration in London which proved to be instrumental for her future.

After a number of years spent working in the field of interior design, Alexandra opted for a life on the Caribbean onboard a sailing boat reminiscent of those depicted by 17th century Dutch Old Master painters. This life in contact with the sea awoke a passion for diving: a means to penetrate and explore the beauty of the underwater universe with its extraordinary colours, shapes and creatures, an exposure that has proved inspirational for her jewelled creations.

Another important chapter was lived between the Pacific coast of Mexico and Bali, where she started to work as a designer again succeeding to combine life in two of her favourite places: Puerto Vallarta characterized by its colourful Mexican folklore and Bali with its natural beauty and fascinating culture. It was on the Indonesian island that Alexandra started to concentrate on design and production of accessories and to discover the art of local artisans with their hand carving of wood and stone and casting of metals. The hands-on approach, the capacity of intuitive solutions and the natural sense of beauty of a craftsmanship before the age of machines fascinated her and continue to do so. Once again this 'voyage', as described by her own words, was fundamental for the present approach to her jewels which are all rigorously handmade during each stage of production and are one of a kind.

Interior design and a prestigious commission led Alexandra to Italy. She regards Italy and the exposure to the art and culture of this country as her 'finishing school,' the final polishing touch to this Odyssey of travels and experiences that have led her to live in three continents and to absorb their rich cultural diversity.

After having encountered the love of her life she decided to settle in Milan and has finally turned to jewellery design, a life-long dormant passion.

Already as a young girl she fell under the spell of ethnic jewellery and admired women such as Marisa Berenson and Diandra Douglas who wore such pieces with self-assured elegance. Needless to say she began collecting bold ethnic pieces wherever she travelled and was always eager to further her knowledge by acquiring as many publications as possible on the subject. She has searched always for authentic pieces, made by hand, often in silver, resulting from melted silver coins. Undoubtedly Alexandra Albini's fascination with bold, handcrafted jewels transpires in her personal jewellery collection. Her creations are realised in 18-carat gold, a colouration similar to that of 22-carat yellow gold. Not surprisingly the gold is the result of a

Crea solo in oro a 18 carati con una colorazione molto simile a quella dell'oro a 22 carati. Non sorprende che l'oro dei suoi gioielli sia una lega segreta fatta su misura per le sue esigenze, ottenuta grazie alla collaborazione dei suoi orafi di fiducia. È affascinata dalla plasticità e dalla malleabilità dell'oro che viene lavorato principalmente partendo da lastre e non a fusione. L'oro è martellato e la finitura varia da gioiello a gioiello: a volte il prezioso metallo viene colato sopra l'anima (la forma sgrossata del gioiello, *ndr*) in modo che si raffreddi in forme casuali e imprevedibili; in altri casi l'oro, normalmente lasciato opaco, viene lucidato solo in alcuni punti allo scopo di ottenere dei giochi di riflessi scintillanti.

È una grande sostenitrice del fatto che spesso "meno è meglio". Infatti è molto abile nel mostrare l'intrinseca qualità del materiale privo, come lei stessa afferma, "del manierismo della nostra artefatta cultura" e si sforza di conservare delle irregolarità: "La bellezza del fatto a mano con tutti i suoi difetti...".

All'inizio del processo creativo modella ogni pezzo con la plastilina. Una volta soddisfatta del risultato, il modello viene dato all'orafo per la realizzazione in metallo prezioso e quindi all'incassatore per il montaggio delle gemme. Queste ultime possono essere dei cristalli grezzi, oppure pietre lucidate *en cabochon* o sfaccettate seguendo le sue indicazioni. Il completamento di un gioiello richiede un lungo e complesso lavoro di squadra che deve farla innamorare del risultato finale: "se questo non succede qualcosa è sbagliato e devo ricominciare da capo", afferma la designer.

Per quanto la dimensione di alcuni gioielli sia considerevole, i pezzi di Alexandra Albini non sono mai esagerati, le linee sono femminili e sempre confortevoli da indossare, essendo dopotutto gioielli creati con passione, amore e dedizione da una donna per le donne.

tailor-made secret alloy that has been devised together with her trusted goldsmiths. She is fascinated with the plasticity and malleability of gold which is always worked up from metal sheet rather than cast. The gold is then hammered and textured varying from piece to piece and at times the molten precious metal is poured over a core in order to freeze in haphazard and unpredictable shapes, or in other instances it is purposely left unpolished with only small patches of polished surfaces that serve as flashes or sparks of light. A believer that often less is more, Alexandra is keen to show the intrinsic quality of the material itself devoid, as she states, "of the mannerisms of our developed cultures" and she strives to achieve irregularities: "The beauty of the handmade with all its flaws..."

The process of creation begins with her modelling each piece in play dough, once satisfied with the result, the hardened model, is handed over to the goldsmith for translation into precious metal and then to the stone setter for the mounting of the gemstones. These are at times either rough crystals, or polished *en cabochon* or facetted according to her specifications. The completion of a jewel involves a complex and time consuming teamwork and she has to fall in love with the final result, "if I don't there is something wrong and I have to start again from scratch!", states the designer. Although the size of some Alexandra Albini's jewels is substantial her pieces are never overwhelming, their shapes are feminine and always comfortable to wear, as they are after all jewels created with passion, love and dedication by a woman for women.

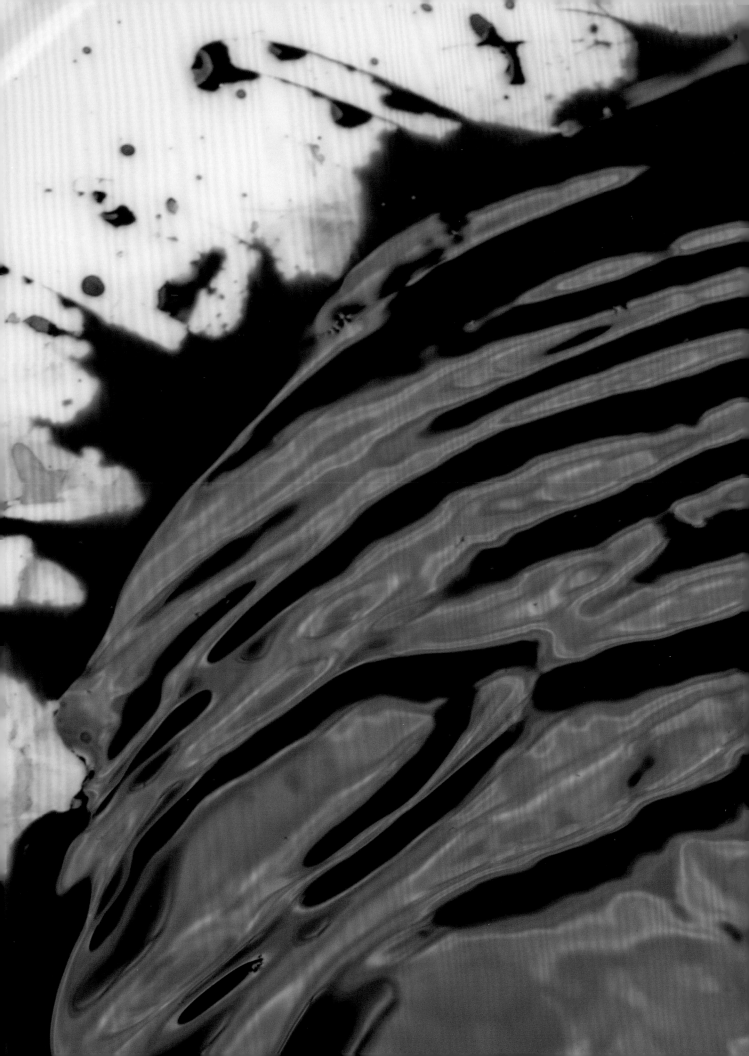

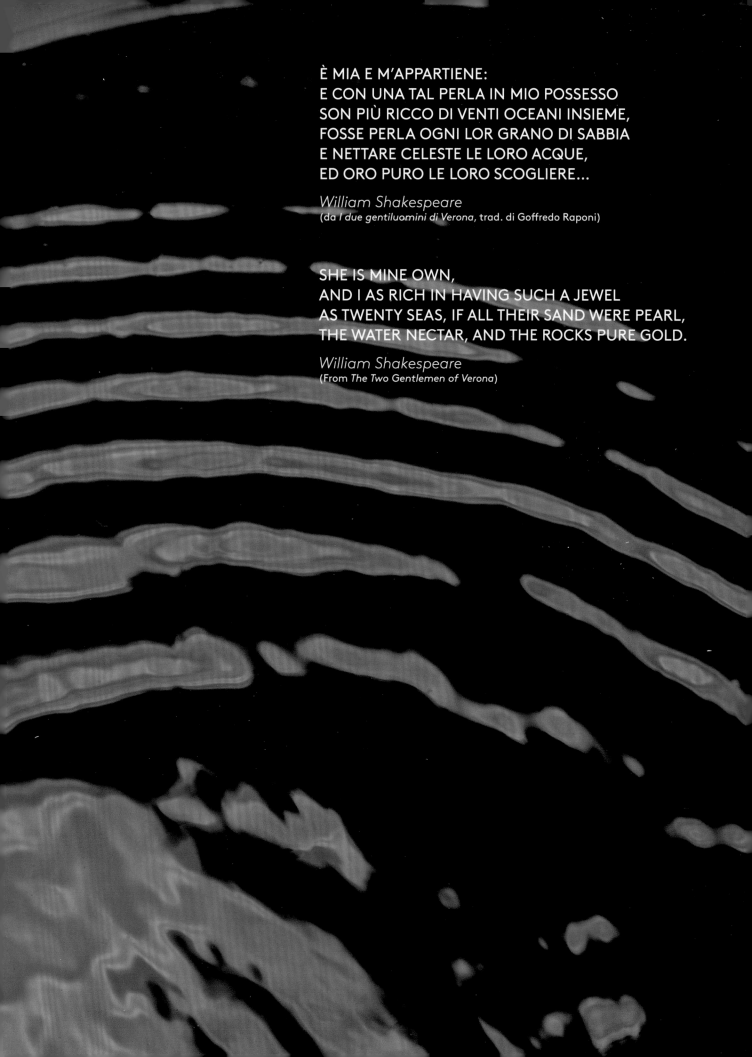

È MIA E M'APPARTIENE:
E CON UNA TAL PERLA IN MIO POSSESSO
SON PIÙ RICCO DI VENTI OCEANI INSIEME,
FOSSE PERLA OGNI LOR GRANO DI SABBIA
E NETTARE CELESTE LE LORO ACQUE,
ED ORO PURO LE LORO SCOGLIERE...

William Shakespeare
(da *I due gentiluomini di Verona*, trad. di Goffredo Raponi)

SHE IS MINE OWN,
AND I AS RICH IN HAVING SUCH A JEWEL
AS TWENTY SEAS, IF ALL THEIR SAND WERE PEARL,
THE WATER NECTAR, AND THE ROCKS PURE GOLD.

William Shakespeare
(From *The Two Gentlemen of Verona*)

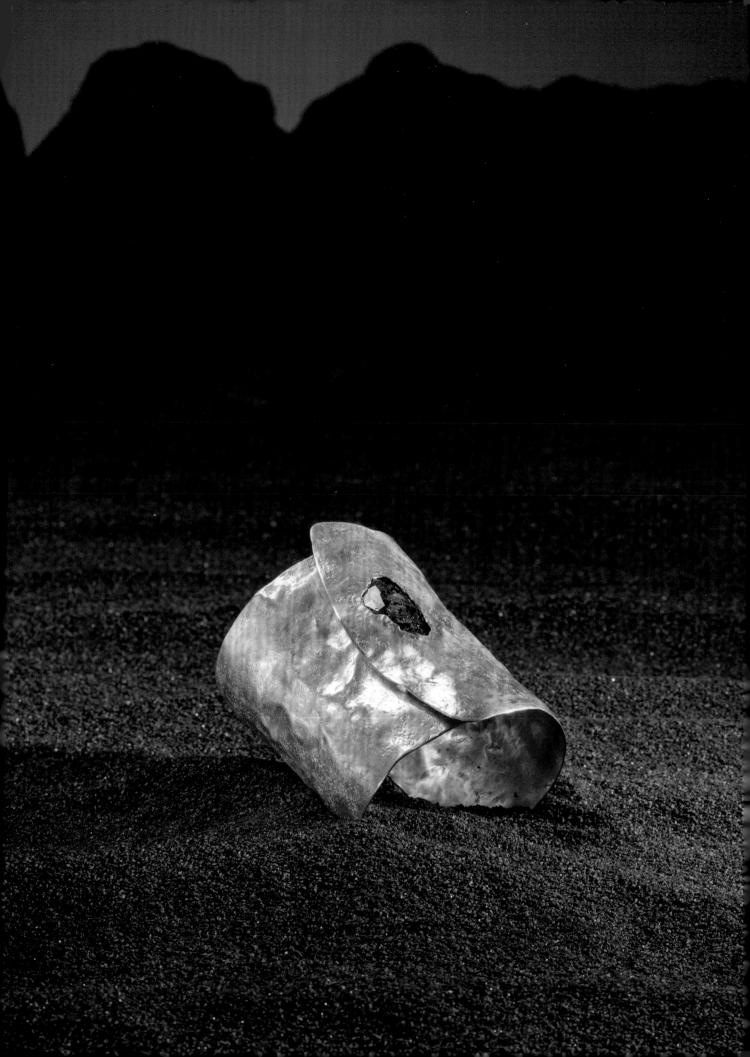

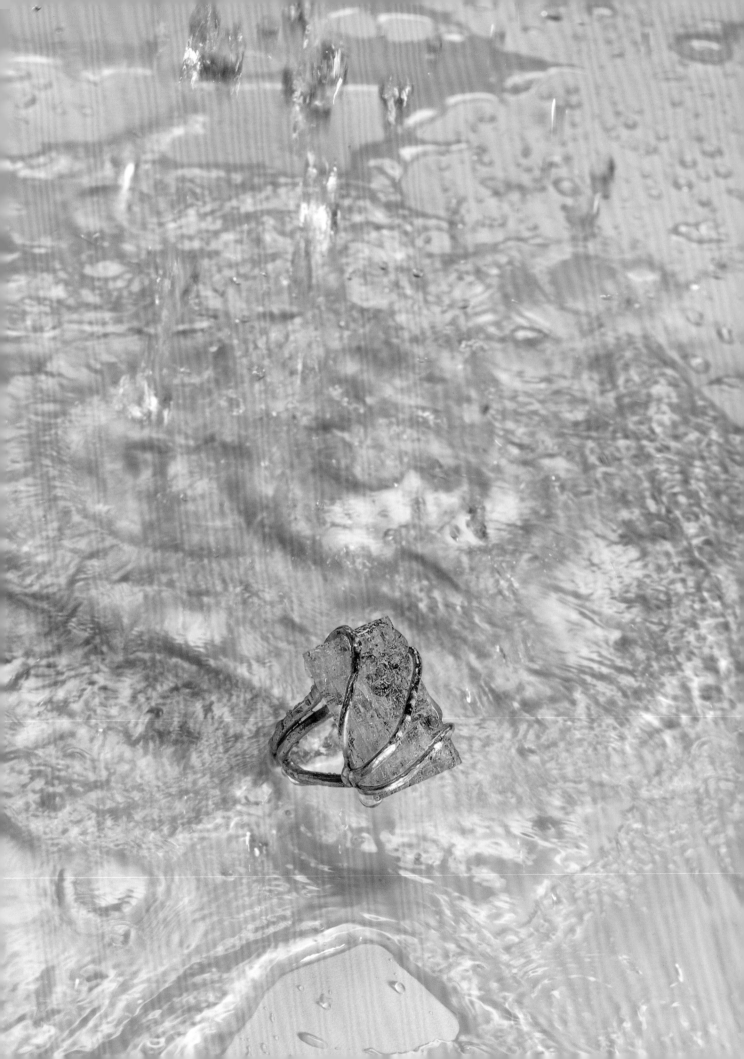

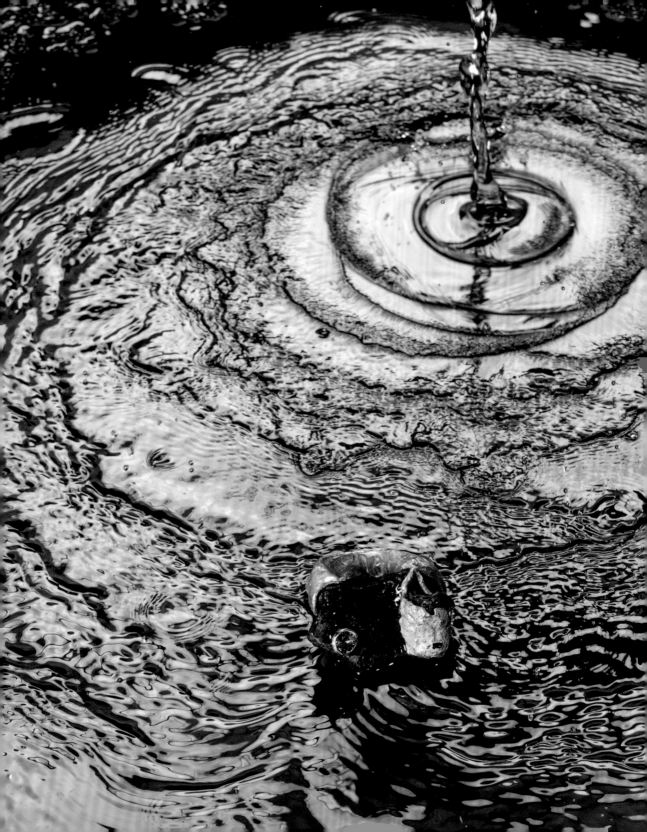

p. 13

ANELLO
in 18k/750 oro con Diamante di 0,35 ct.

RING
in 18k gold with a Diamond of 0.35 ct.

p. 15

COLLANA
in 18k/750 oro con Acquamarina azzurra
di 54,74 ct.

NECKLACE
in 18k gold with a blue Aquamarine of
54.74. ct.

p. 16

ORECCHINI
in 22k/850 oro con un paio di Tormaline
di 7,6 ct.

EARRINGS
in 22k gold with a pair of green Tourmalines
of 7.6 ct.

p. 17

ORECCHINI
in 22k/850 oro

EARRINGS
in 22k gold

p. 19

BRACCIALE
in 18k/750 oro con Tanzanite grezza,
tagliata di 24,88 ct.

CUFF
in 18k gold with a rough,
polished Tanzanite of 24.88 ct.

p. 21

ANELLO
in 18k/750 oro con 7 Diamanti di 1,44 ct.

RING
in 18k gold with 7 Diamonds of 1.44 ct.

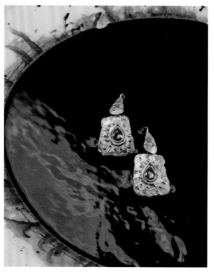

p. 23

ORECCHINI
in 22k/850 oro con Zaffiri rossi di 2,8 ct.
e Rubini di 1,65 ct.

EARRINGS
in 22k gold with red Sapphires
of 2.8 ct. and Rubies of 1.65 ct.

p. 25

ORECCHINI
in 18k/750 oro con Zaffiri colore celeste
di 2,04 ct.

EARRINGS
in 18k gold with sky blue Sapphires of 2.04 ct.

p. 27

ORECCHINI
in 22k/850 oro con 24 Diamanti di 2,44 ct.

EARRINGS
in 22k gold with 24 Diamonds of 2.44 ct.

p. 29

BRACCIALE
in 18k/750 oro

CUFF
in 18k gold

p. 31

ANELLO
in 18k/750 con Perla barocca
e Diamante di 0,53 ct.

RING
in 18k gold with a baroque Pearl
and a Diamond of 0.53 ct.

p. 33

ORECCHINI
in 18k/750 oro con Perle barocche

EARRINGS
in 18k gold with baroque Pearls

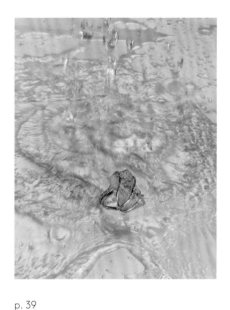

p. 35

ANELLO
in 18k/750 oro con Smeraldi di 8,86 ct.
ORECCHINI
in 18k/750 oro con Perle barocche
e Smeraldi di 1,76 ct.

RING
in 18k gold with Emeralds of 8.86 ct.
EARRINGS
in 18k gold with baroque Pearls and
Emeralds of 1.76 ct.

p. 37

ANELLO
in 18k/750 oro con Acquamarina grande
e grezza di 142,8 ct.

RING
in 18k gold with a large, rough Aquamarine
of 142.8 ct.

p. 39

ANELLO
in 18k/750 oro con Acquamarina di taglio
rettangolare, irregolare di 45,06 ct.

RING
in 18k gold with an irregular, rectangular
cut Aquamarine of 45.06 ct.

p. 41

ANELLO
in 18k/750 oro con Ametista grezza e
levigata di 44 ct. e 3 Diamanti di 0,34 ct.

RING
in 18k gold with a rough, polished Amethyst
of 44 ct. and 3 Diamonds of 0.34 ct.

p. 42

ANELLO
in 18k/750 oro con Tanzanite cabochon
di 15,68 ct.

RING
in 18k gold with a Tanzanite cabochon
of 15.68 ct.

p. 43

ANELLO
in 18k/750 oro con Citrino Madeira tagliato
di 14,86 ct. e un Citrino grezzo di 25,82 ct.

RING
in 18k gold with a polished Madeira Citrine
of 14.86 ct. and a rough Citrine of 25.82 ct.

p. 45

SOLITARI
in 18k/750 oro con Diamanti e Zaffiro
di 2,05 ct.

SOLITAIRES
in 18k gold with Diamonds and a Sapphire
of 2.05 ct.

p. 46

ANELLO
in 18k/750 oro con pietra Lavica di Sicilia
e Zaffiro rosso di 0,65 ct.

RING
in 18k gold with a Lava stone from Sicily
and a red Sapphire of 0.65 ct.

p. 47

ANELLO
in 18k/750 oro con Perla barocca
e Diamanti in taglio di rose di 0,50 ct.

RING
in 18k gold with a baroque Pearl and rose
cut Diamonds of 0.50 ct.

p. 49

BRACCIALI
in 18k/750 oro rosé con Diamanti di 0,13 ct.
e uno Zaffiro fulvo di 0,64 ct.

BRACELETS
in 18k rose gold with Diamonds of 0.13 ct.
and a tawny orange Sapphire of 0.64 ct.

p. 51

ORECCHINI
in 18k/750 oro con Acquamarina in tagli
grezzi di 17,50 ct.
ANELLO
in 18k/750 con Acquamarina di 28,50 ct.

EARRINGS
in 18k gold with rough cut Aquamarines
of 17.50 ct.
RING
in 18k with an Aquamarine of 28.50 ct.

p. 53

ORECCHINI
in 18k/750 oro con Smeraldi di 3,50 ct.
ANELLO
in 18k/750 oro con Smeraldo di 1 ct.

EARRINGS
in 18k gold with Emeralds of 3.50 ct.
RING
in 18k gold with an Emerald of 1 ct.

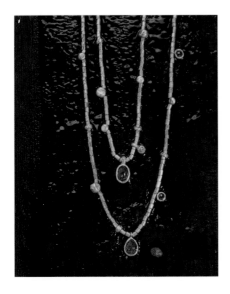

p. 54

COLLANA
in 18k/750 oro con Rubino cabochon
di 5,59 ct. e Diamante di 0,15 ct.
COLLANA
in 18k/750 oro con Tanzanite
di 5,48 ct. e due Tanzaniti azzurre di 1,50 ct.

NECKLACE
in 18k gold with a Ruby cabochon of 5.59
ct. and a Diamond of 0.15 ct.
NECKLACE
in 18k gold with a Tanzanite of 5.48 ct. and
two blue Tanzanites of 1.50 ct.

p. 55

BRACCIALE
in 18k/750 oro con Zaffiro turchese di 0,64 ct.
BRACCIALE
in 18k/750 oro con Tormalina grezza,
rosso bordeaux di 9 ct.

BRACELET
in 18k gold with a turquoise Sapphire of 0.64 ct.
BRACELET
in 18k gold with a rough, burgundy red
Tourmaline of 9 ct.

Alexandra Albini fotografata da Gian Paolo Barbieri / Alexandra Albini photographed by Gian Paolo Barbieri

Ringraziamenti

Gian Paolo Barbieri per le sue incredibili fotografie, la sua
capacità di motivare, e per aver creduto in me fin dall'inizio.
Amanda Triossi per la sua introduzione e la sua
interpretazione intuitiva e sensibile della collezione.
Le mie amiche Isa Stoppi e Ivana Fontana per i loro
consigli e l'incoraggiamento.
Tone Britt e Wilhelm Eger per il loro sincero sostegno.
Liv Gleditsch Eger, Liven e Dikke Eger per il loro entusiasmo.
Pietro Della Lucia per la sua guida e pazienza.
Benedetta Rossi per il suo sincero aiuto.
Settimio per la sua indispensabile collaborazione.
L'editore Silvana Editoriale per la sua lungimiranza.
L'équipe di Gian Paolo Barbieri: Stefano, Emmanuele,
Roberto e Daiana.
La mia personal assistant Federica.

Mio marito Roberto per il suo sostegno e la sua
grande tenacia. Senza di lui non avrei avuto la forza
per 'puntare alla luna'.

Acknowledgements

Gian Paolo Barbieri for his incredible photographs,
his capacity to motivate, and for having believed in me
from the beginning.
Amanda Triossi for her introduction and her intuitive,
sensitive interpretation of the collection.
My friends Isa Stoppi and Ivana Fontana for their
advice and encouragement.
Tone Britt and Wilhelm Eger for their sincere support.
Liv Gleditsch Eger, Liven and Dikke Eger for their enthusiasm.
Pietro Della Lucia for his guidance and patience.
Benedetta Rossi for her sincere help.
Settimio for his indispensable collaboration.
The publisher Silvana Editoriale for their foresight.
The team of Gian Paolo Barbieri: Stefano, Emmanuele,
Roberto and Daiana.
My personal assistant Federica.

My husband Roberto for his support and his great
tenacity, without which I wouldn't have had the 'peace'
to 'chase the moon'.

In copertina / Cover

Bracciale, in 18k/750 oro con Tanzanite grezza, tagliata di 24,88 ct.
Cuff, in 18k gold with a 24.88 ct. rough, polished Tanzanite

Silvana Editoriale

Direzione editoriale / Direction
Dario Cimorelli

Art Director
Giacomo Merli

Coordinamento editoriale / Editorial Coordinator
Sergio Di Stefano

Redazione / Copy Editor
Clelia Palmese

Impaginazione / Layout
Annamaria Ardizzi

Coordinamento di produzione / Production Coordinator
Antonio Micelli

Segreteria di redazione / Editorial Assistant
Ondina Granato

Ufficio iconografico / Photo Editor
Alessandra Olivari, Silvia Sala

Ufficio stampa / Press Office
Lidia Masolini, press@silvanaeditoriale.it

Silvana Editoriale S.p.A.
via dei Lavoratori, 78
20092 Cinisello Balsamo, Milano
tel. 02 453 951 01
fax 02 453 951 51
www.silvanaeditoriale.it

Le riproduzioni, la stampa e la rilegatura
sono state eseguite in Italia
Reproductions, printing and binding in Italy
Stampato da / Printed by Grafiche Aurora s.r.l., Verona
Finito di stampare nel mese di luglio 2017
Printed July 2017